Endlich Ferien!

Nicht alle Pinguine sehen aus wie der erste. Kreise ein.

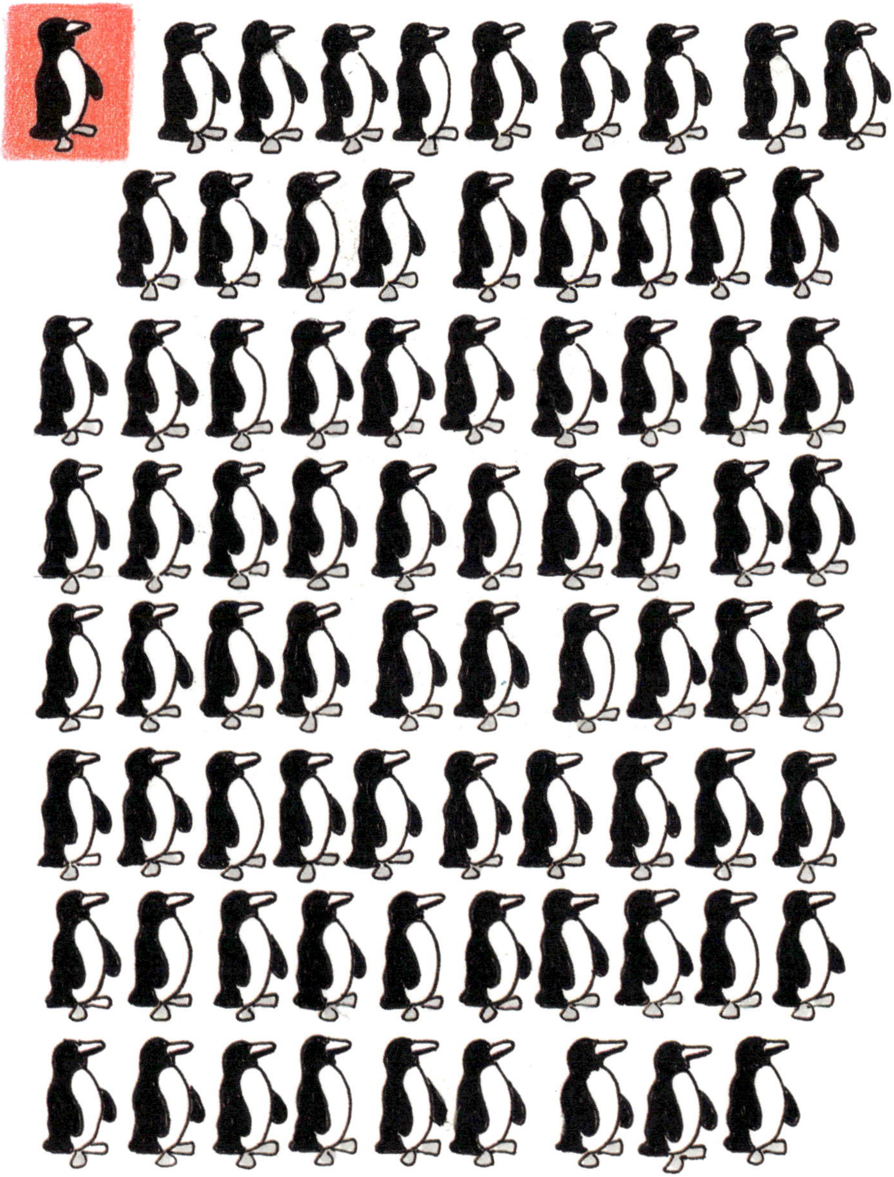

Endlich Ferien!

Nicht alle Pinguine sehen aus wie der erste. Kreise ein.

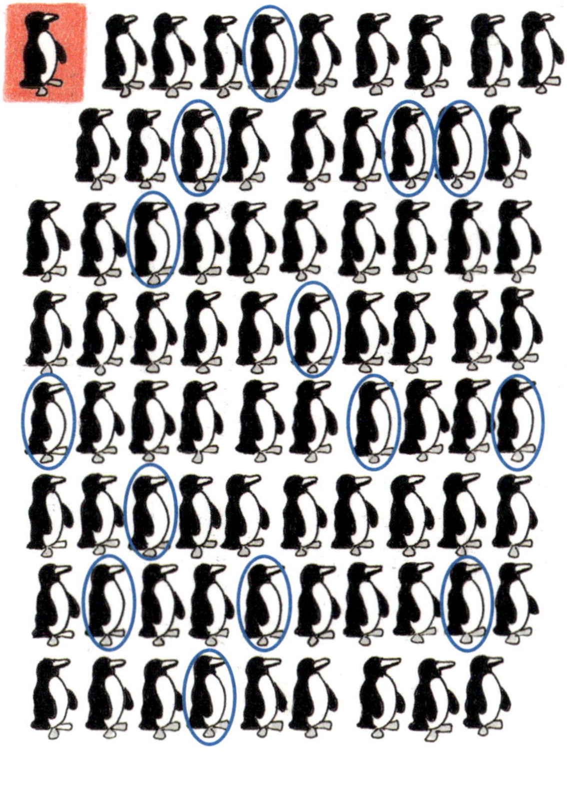

Zahlen bis 1000

Wo hängen die Bilder im Tausenderfeld? Ergänze.

10	20	30	40	50	60	70	80	90	100
110									
	220								
		330							
			440						
				550					
					660				
						770			
							880		
								990	

 920

 570

 260

 620

 490

 310

 850

 800

 130

Zahlen bis 1000

Wo hängen die Bilder im Tausenderfeld? Ergänze.

10	20	30	40	50	60	70	80	90	100
110									
	220								
		330							
			440						
				550					
					660				
						770			
							880		
								990	

920 570 260

620 490 310

850 800 130

Lösungsseite

Zahlen bis 1000

Trage die fehlenden Zahlen ein.

H	Z	E

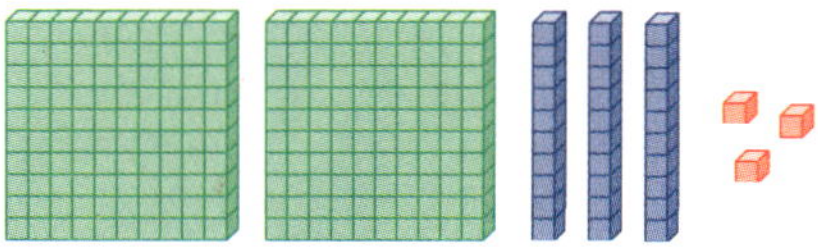

H	Z	E

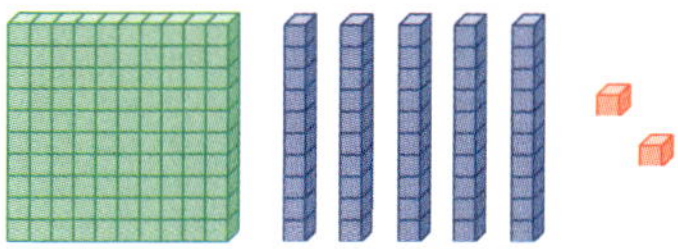

H	Z	E

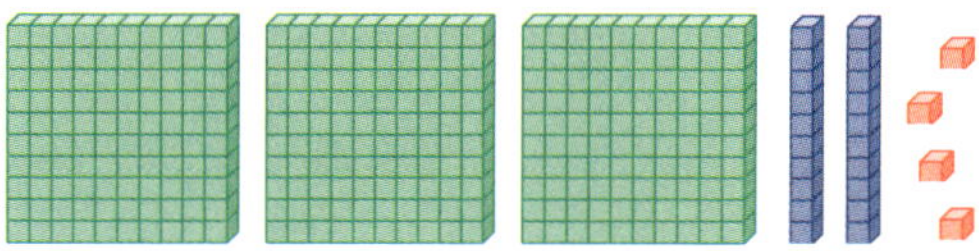

H	Z	E

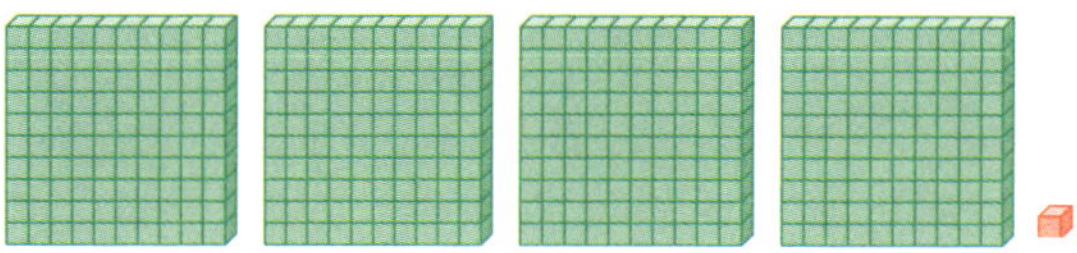

H	Z	E

Zahlen bis 1000

Trage die fehlenden Zahlen ein.

H	Z	E
2	4	8

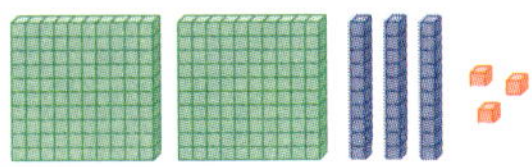

H	Z	E
2	3	3

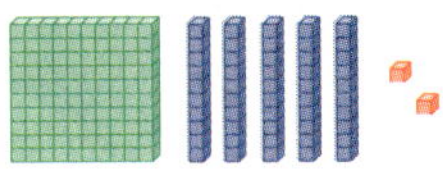

H	Z	E
1	5	2

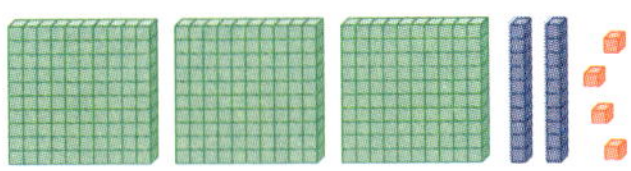

H	Z	E
3	2	4

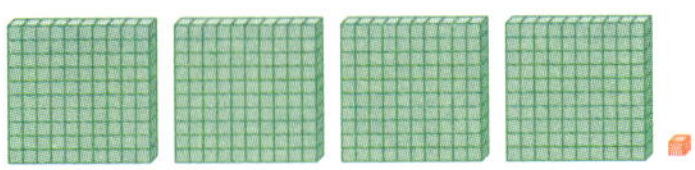

H	Z	E
4	0	1

Schriftlich addieren

Rechne die Aufgaben schriftlich:

zuerst die Einer, dann die Zehner, dann die Hunderter.

	H	Z	E
	2	1	4
+	4	2	3
			7

	H	Z	E
	2	1	4
+	4	2	3
		3	7

	H	Z	E
	2	1	4
+	4	2	3
	6	3	7

Beim schriftlichen Addieren ist es wichtig, dass du die Zahlen richtig untereinander schreibst.

	H	Z	E
	4	2	6
+	5	7	1
	9	9	7

	H	Z	E
	7	3	4
+	1	5	3
	8	8	7

	H	Z	E
	3	5	1
+	4	1	6
	7	6	7

	H	Z	E
	3	5	8
+	6	1	1
	9	6	9

	H	Z	E
	1	5	4
+	3	2	5
	4	7	9

	H	Z	E
	2	3	4
+	5	6	5
	7	9	9

Schriftlich addieren

Rechne die Aufgaben schriftlich:

zuerst die Einer, dann die Zehner, dann die Hunderter.

	H	Z	E
	2	1	4
+	4	2	3
			7

	H	Z	E
	2	1	4
+	4	2	3
		3	7

	H	Z	E
	2	1	4
+	4	2	3
	6	3	7

	H	Z	E
	4	2	6
+	5	7	1
	9	9	7

	H	Z	E
	7	3	4
+	1	5	3
	8	8	7

	H	Z	E
	3	5	1
+	4	1	6
	7	6	7

	H	Z	E
	3	5	8
+	6	1	1
	9	6	9

	H	Z	E
	1	5	4
+	3	2	5
	4	7	9

	H	Z	E
	2	3	4
+	5	6	5
	7	9	9

Schriftlich addieren

Rechne die Aufgaben schriftlich:

zuerst die Einer, schreibe 1, übertrage 1,

	H	Z	E
	3	8	5
+	4	7_1	6
			1

dann die Zehner, schreibe 6, übertrage 1,

	H	Z	E
	3	8	5
+	4_1	7_1	6
		6	1

dann die Hunderter, schreibe 8.

	H	Z	E
	3	8	5
+	4_1	7_1	6
	8	6	1

	H	Z	E
	4	6	9
+	3	8	7

	H	Z	E
	2	8	9
+	6	7	8

	H	Z	E
	2	8	9
+	3	7	6

	H	Z	E
	4	7	6
+	4	3	9

	H	Z	E
	5	9	8
+	3	7	9

	H	Z	E
	7	8	9
+	1	6	5

Schriftlich addieren

Rechne die Aufgaben schriftlich:

zuerst die Einer, schreibe 1, übertrage 1,

	H	Z	E
	3	8	5
+	4	7_1	6
			1

dann die Zehner, schreibe 6, übertrage 1,

	H	Z	E
	3	8	5
+	4_1	7_1	6
		6	1

dann die Hunderter, schreibe 8.

	H	Z	E
	3	8	5
+	4_1	7_1	6
	8	6	1

	H	Z	E
	4	6	9
+	3_1	8_1	7
	8	5	6

	H	Z	E
	2	8	9
+	6_1	7_1	8
	9	6	7

	H	Z	E
	2	8	9
+	3_1	7_1	6
	6	6	5

	H	Z	E
	4	7	6
+	4_1	3_1	9
	9	1	5

	H	Z	E
	5	9	8
+	3_1	7_1	9
	9	7	7

	H	Z	E
	7	8	9
+	1_1	6_1	5
	9	5	4

Lösungsseite

Rechne die Aufgaben schriftlich:

zuerst die Einer, von 9 bis 12 = 3, dann die Zehner, von 9 bis 12 = 3, dann die Hunderter, von 2 bis 4 = 2.

	H	Z	E
	4	2	2
−	1	8 $_1$	9
			3

	H	Z	E
	4	2	2
−	1 $_1$	8 $_1$	9
		3	3

	H	Z	E
	4	2	2
−	1 $_1$	8 $_1$	9
	2	3	3

	H	Z	E			H	Z	E			H	Z	E
	3	3	3			4	4	4			5	5	5
−	1	8 $_1$	9		−	1	8	9		−	1	8	9
			4										

Schriftlich subtrahieren

Rechne die Aufgaben schriftlich:

zuerst die Einer, von 9 bis 12 = 3,	dann die Zehner, von 9 bis 12 = 3,	dann die Hunderter, von 2 bis 4 = 2.
H Z E 4 2 2 − 1 8₁ 9 3	H Z E 4 2 2 − 1₁ 8₁ 9 3 3	H Z E 4 2 2 − 1₁ 8₁ 9 2 3 3

	H	Z	E		H	Z	E		H	Z	E
	3	3	3		4	4	4		5	5	5
−	1 $_1$	8 $_1$	9	−	1 $_1$	8 $_1$	9	−	1 $_1$	8 $_1$	9
	1	4	4		2	5	5		3	6	6

Lösungsseite

Schriftlich subtrahieren

Schreibe die Zahlen richtig untereinander und rechne.

876 – 725

	H	Z	E
	8	7	6
–	7	2	5
	1	5	1

989 – 234

	H	Z	E
	9	8	9
–	2	3	4
	7	5	5

987 – 123

	H	Z	E
	9	8	7
–	1	2	3
	8	6	4

987 – 654

	H	Z	E
	9	8	7
–	6	5	4
	3	3	3

Schriftlich subtrahieren

Schreibe die Zahlen richtig untereinander und rechne.

876 – 725

	H	Z	E
	8	7̸	6
–	7̸	2	5
	1	5	1

989 – 234

	H	Z	E
	9	8	9
–	2	3	4
	7	5	5

987 – 654

	H	Z	E
	9	8	7̸
–	6	5	4
	3	3	3

987 – 123

	H	Z	E
	9	8	7
–	1	2	3
	8	6	4

Kleine Pause

Welche Farben fehlen? Klebe die passenden Sticker auf.
In jeder Reihe, in jeder Spalte und in jedem Quadrat darf jede Farbe nur einmal vorkommen.

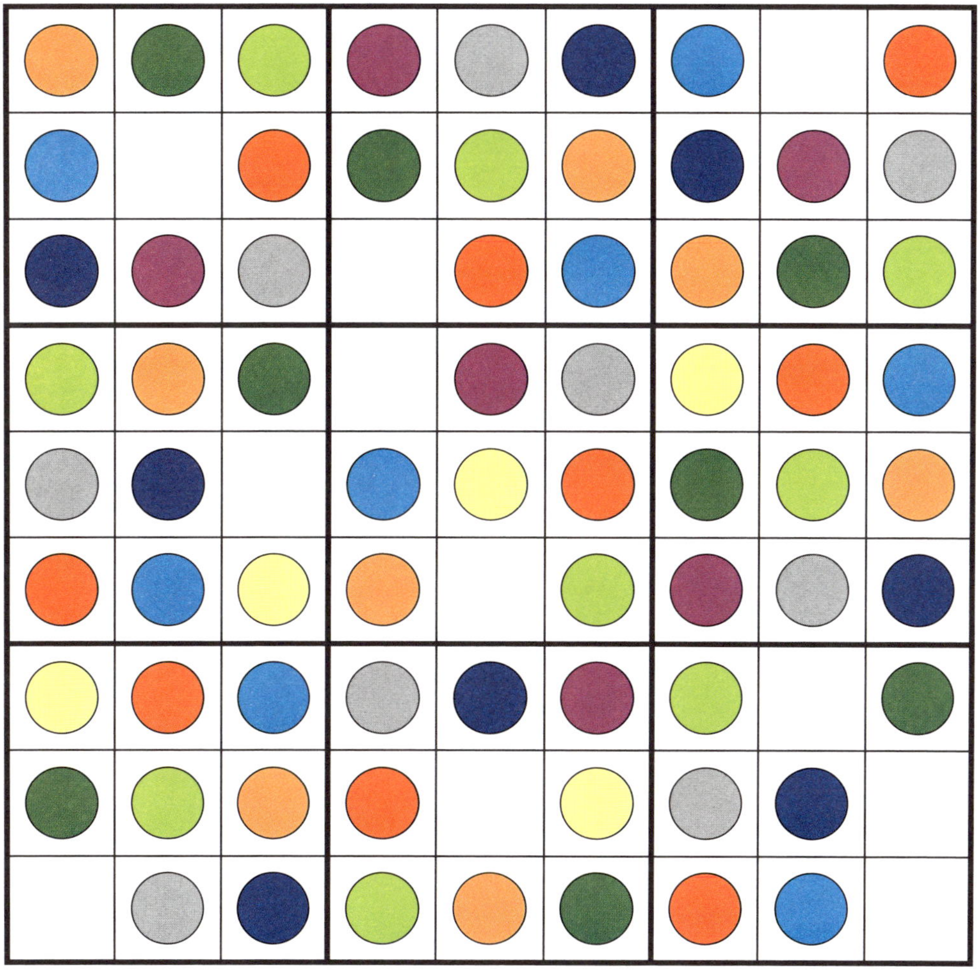

Kleine Pause

Welche Farben fehlen? Klebe die passenden Sticker auf. In jeder Reihe, in jeder Spalte und in jedem Quadrat darf jede Farbe nur einmal vorkommen.

Nomen

Ergänze die Nomen mit Artikel.

männlich

der

weiblich

die

sächlich

das

Fohlen
Paket
Hengst
Flur
Zimmer
Stute
Küche
Henne
Wüste
Hahn
Berg
Küken
Hund
Briefmarke
Tal

Nomen

Ergänze die Nomen mit Artikel.

männlich

der Hengst
der Hahn
der Flur
der Berg
der Hund

weiblich

die Stute
die Henne
die Briefmarke
die Küche
die Wüste

sächlich

das Fohlen
das Küken
das Paket
das Zimmer
das Tal

Fohlen Paket
Hengst Flur
Zimmer
Stute Küche
Henne Wüste
Hahn Berg
Küken Hund
Briefmarke Tal

Singular und Plural

Wie heißen die Nomen im Singular?
Schreibe sie mit Artikel auf.

Plural (Mehrzahl)	**Singular (Einzahl)**
die Kinder	das Kind
die Teddys	
die Bilder	
die Sandalen	
die Rucksäcke	
die Scheren	
die Spiele	
die Puppen	
die Filme	
die Vögel	

Singular und Plural

Wie heißen die Nomen im Singular?
Schreibe sie mit Artikel auf.

Plural (Mehrzahl)	Singular (Einzahl)
die Kinder	das Kind
die Teddys	der Teddy
die Bilder	das Bild
die Sandalen	die Sandale
die Rucksäcke	der Rucksack
die Scheren	die Schere
die Spiele	das Spiel
die Puppen	die Puppe
die Filme	der Film
die Vögel	der Vogel

Singular und Plural

Welche Nomen gibt es auch im Plural?
Klebe die passenden Sticker auf.

Obst
Fleiß
Mehl
Regen
Glück
Hose
Kopf
Garten
Lärm
Baum
Note
Sand
Zucker
Apfel
Mut
Hass
Jacke
Bluse
Trauer
Blume
Schnee

Singular und Plural

Welche Nomen gibt es auch im Plural?
Klebe die passenden Sticker auf.

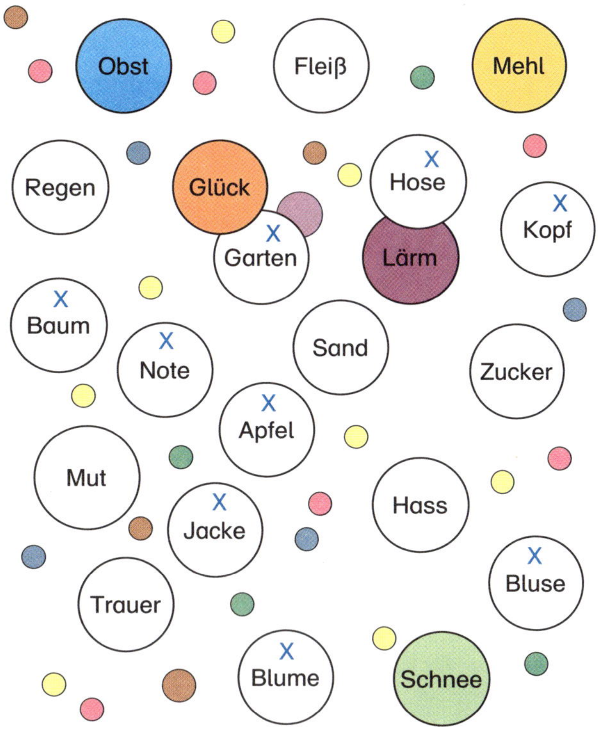

Bilde zusammengesetzte Nomen.

Hund + Hütte

Brot + Messer

Hand + Schuhe

Tasche + Lampe

Sonne + Brille

Zusammengesetzte Nomen

Bilde zusammengesetzte Nomen.

Hund + Hütte — Hundehütte

Brot + Messer — Brotmesser

Hand + Schuhe — Handschuhe

Tasche + Lampe — Taschenlampe

Sonne + Brille — Sonnenbrille

Bilde zusammengesetzte Nomen. Ergänze den Artikel.

Soße aus Tomaten	die Tomatensoße
Salat aus Nudeln	
Buch zum Lesen	
Vase für Blumen	
Becher zum Trinken	
Kuchen mit Erdbeeren	
Brei aus Kartoffeln	
Mann aus Schnee	

Für genau bestimmte Sachen benutze den bestimmten Artikel: **der, die, das.**

Zusammengesetzte Nomen

Bilde zusammengesetzte Nomen. Ergänze den Artikel.

Soße aus Tomaten	die Tomatensoße
Salat aus Nudeln	der Nudelsalat
Buch zum Lesen	das Lesebuch
Vase für Blumen	die Blumenvase
Becher zum Trinken	der Trinkbecher
Kuchen mit Erdbeeren	der Erdbeerkuchen
Brei aus Kartoffeln	der Kartoffelbrei
Mann aus Schnee	der Schneemann

Für genau bestimmte Sachen benutze den bestimmten Artikel: **der, die, das.**

Der unbestimmte Artikel

Schreibe die Nomen mit dem unbestimmten Artikel auf.

Schal	ein Schal
Jacke	
Schuh	
Lampe	
Marmelade	
Kuchen	
Zettel	
Stift	
Katze	
Hund	

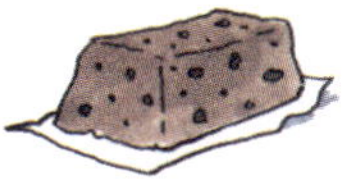
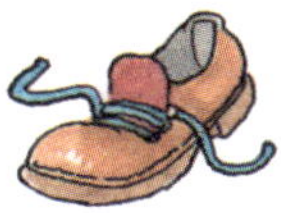

Benutze bei Sachen, die nicht genau bestimmt sind, den unbestimmten Artikel: **ein, eine.**

In der Mehrzahl gibt es keinen unbestimmten Artikel.

Der unbestimmte Artikel

Schreibe die Nomen mit dem unbestimmten Artikel auf.

Schal	ein Schal
Jacke	eine Jacke
Schuh	ein Schuh
Lampe	eine Lampe
Marmelade	eine Marmelade
Kuchen	ein Kuchen
Zettel	ein Zettel
Stift	ein Stift
Katze	eine Katze
Hund	ein Hund

Benutze bei Sachen, die nicht genau bestimmt sind, den unbestimmten Artikel: **ein, eine.**

In der Mehrzahl gibt es keinen unbestimmten Artikel.

Lösungsseite

Kleine Pause

Verbinde die Punkte von 1 bis 60.

Kleine Pause

Verbinde die Punkte von 1 bis 60.

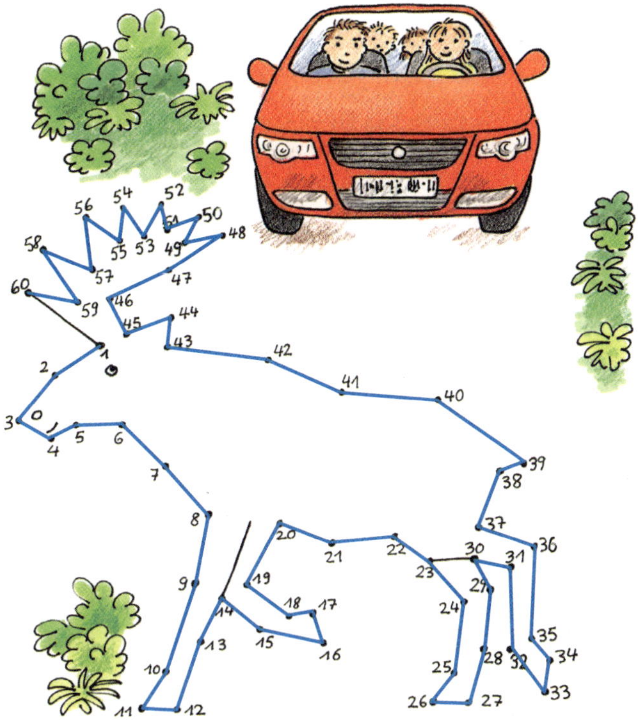

Ergänzen bis zum Hunderter

Rechne bis zum Vorgänger-Hunderter und Nachfolger-Hunderter mit minus und plus.

200	← – 45	245	+ 55 →	300
300	← –	317	+ →	400
600	←	628	+ →	700
700	←	749	→	800
800	←	863	→	
	←	436	→	
	←	354	→	
	←	287	→	
	←	572	→	

Lösungsseite

Ergänzen bis zum Hunderter

Rechne bis zum Vorgänger-Hunderter und Nachfolger-Hunderter mit minus und plus.

200	← − 45	245	+ 55 →	300
300	← − 17	317	+ 83 →	400
600	← − 28	628	+ 72 →	700
700	← − 49	749	+ 51 →	800
800	← − 63	863	+ 37 →	900
400	← − 36	436	+ 64 →	500
300	← − 54	354	+ 46 →	400
200	← − 87	287	+ 13 →	300
500	← − 72	572	+ 28 →	600

Umkehraufgaben

Rechne die Minusaufgaben und ergänze die passende Umkehraufgabe (Plusaufgabe).

	5	0	7		2	5	4
−	2_1	5	3	+	2_1	5	3
	2	5	4		5	0	7

	6	6	4				
−	1	2	3	+			

	9	6	3				
−	4	3	1	+			

	7	6	8				
−	3	2	5	+			

Umkehraufgaben

Rechne die Minusaufgaben und ergänze die passende Umkehraufgabe (Plusaufgabe).

	5	0	7			2	5	4
−	2₁	5	3		+	2₁	5	3
	2	5	4			5	0	7

	6	6	4			5	4	1
−	1	2	3		+	1	2	3
	5	4	1			6	6	4

	9	6	3			5	3	2
−	4	3	1		+	4	3	1
	5	3	2			9	6	3

	7	6	8			4	4	3
−	3	2	5		+	3	2	5
	4	4	3			7	6	8

Lösungsseite

Immer zwei Aufgaben gehören zusammen. Rechne.

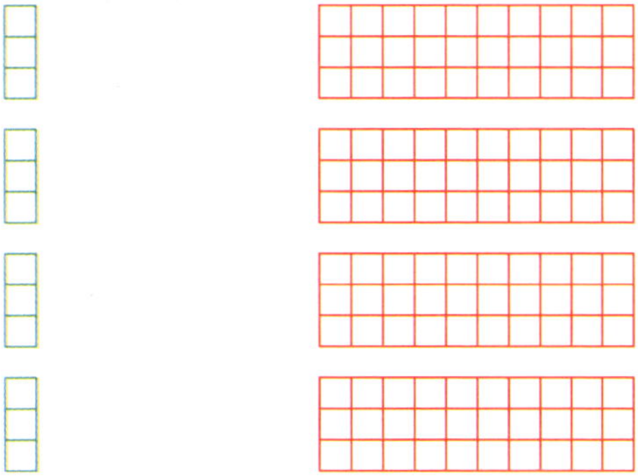

$4 \cdot 3 = 12$

$4 \cdot 30 = 4 \cdot 3 \cdot 10 = 120$

$8 \cdot 4 = 32$

$8 \cdot 40 = 8 \cdot 4 \cdot 10 =$

$6 \cdot 5 =$

$6 \cdot 50 = 6 \cdot 5 \cdot 10 =$

$7 \cdot 2 =$

$7 \cdot 20 =$

Multiplizieren

Immer zwei Aufgaben gehören zusammen. Rechne.

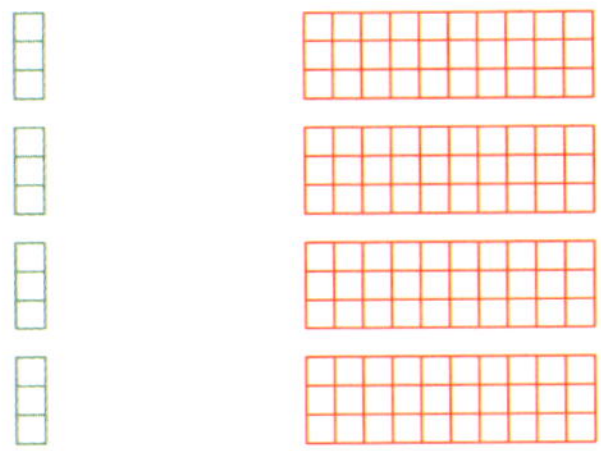

$4 \cdot 3 = 12$

$4 \cdot 30 = 4 \cdot 3 \cdot 10 = 120$

$8 \cdot 4 = 32$
$8 \cdot 40 = 8 \cdot 4 \cdot 10 = 320$

$6 \cdot 5 = 30$
$6 \cdot 50 = 6 \cdot 5 \cdot 10 = 300$

$7 \cdot 2 = 14$
$7 \cdot 20 = 7 \cdot 2 \cdot 10 = 140$

Lösungsseite

Kannst du die Aufgaben lösen? Schreibe die Ergebnisse an die richtige Stelle.

		H	Z	E		H	Z	E
2	·			4	=			8
2	·		4	0	=		8	0
2	·	4	0	0	=	8	0	0
4	·			2	=			8
4	·		2	0	=		8	0
4	·	2	0	0	=	8	0	0

		H	Z	E		H	Z	E
3	·			2	=			6
3	·		2	0	=		6	0
3	·	2	0	0	=	6	0	0
3	·			3	=			9
3	·		3	0	=		9	0
3	·	3	0	0	=	9	0	0

Multiplizieren

Kannst du die Aufgaben lösen? Schreibe die Ergebnisse an die richtige Stelle.

		H	Z	E		H	Z	E
2	·			4	=			8
2	·		4	0	=		8	0
2	·	4	0	0	=	8	0	0
4	·			2	=			8
4	·		2	0	=		8	0
4	·	2	0	0	=	8	0	0

		H	Z	E		H	Z	E
3	·			2	=			6
3	·		2	0	=		6	0
3	·	2	0	0	=	6	0	0
3	·			3	=			9
3	·		3	0	=		9	0
3	·	3	0	0	=	9	0	0

Rechne die Aufgaben in zwei Teilschritten.

Linus verkauft auf dem Flohmarkt vier alte Teddys. Jeder kostet 12 €. Wie viel hat er eingenommen?

$4 \cdot 12 = 48$

$4 \cdot 10 =$

$4 \cdot 2 =$

$9 \cdot 13 =$

$9 \cdot 10 =$

$9 \cdot 3 =$

$6 \cdot 18 =$

$\cdot \quad =$

$\cdot \quad =$

Halbschriftlich multiplizieren

Rechne die Aufgaben in zwei Teilschritten.

Linus verkauft auf dem Flohmarkt
vier alte Teddys. Jeder kostet 12 €.
Wie viel hat er eingenommen?

$4 \cdot 12 = 48$
$4 \cdot 10 = 40$
$4 \cdot 2 = 8$

$9 \cdot 13 = 117$
$9 \cdot 10 = 90$
$9 \cdot 3 = 27$

$6 \cdot 18 = 108$
$6 \cdot 10 = 60$
$6 \cdot 8 = 48$

Lösungsseite

Halbschriftlich multiplizieren

Rechne schrittweise und klebe die Hundesticker mit den Ergebnissen auf.

3	·	2	5	8	=	7	7	4
3	·	2	0	0	=	6	0	0
3	·		5	0	=	1	5	0
3	·			8	=		2	4

6	·	1	3	4	=
6	·	1	0	0	=
6	·		3	0	=
6	·			4	=

2	·	4	1	3	=
	·				=
	·				=
	·				=

3	·	3	1	9	=
	·				=
	·				=
	·				=

Halbschriftlich multiplizieren

Rechne schrittweise und klebe die Hundesticker mit den Ergebnissen auf.

$3 \cdot 258 = 774$

$3 \cdot 200 = 600$
$3 \cdot 50 = 150$
$3 \cdot 8 = 24$

$6 \cdot 134 = 804$

$6 \cdot 100 = 600$
$6 \cdot 30 = 180$
$6 \cdot 4 = 24$

$2 \cdot 413 = 826$

$2 \cdot 400 = 800$
$2 \cdot 10 = 20$
$2 \cdot 3 = 6$

$3 \cdot 319 = 957$

$3 \cdot 300 = 900$
$3 \cdot 10 = 30$
$3 \cdot 9 = 27$

Lösungsseite

Kleine Pause

Die Traktoren machen eine Wettfahrt nach Hause.
Ziehe die gepunktete Linie nach.

Kleine Pause

Die Traktoren machen eine Wettfahrt nach Hause.
Ziehe die gepunktete Linie nach.

Setze die passenden Adjektive ein.

salzig
groß
dick
schnell
nass
schmutzig
faul
klug
laut

Adjektive

Setze die passenden Adjektive ein.

salzig
~~groß~~
~~dick~~
schnell
~~nass~~
~~schmutzig~~
faul
klug
laut

der schmutzige Teddy

der dicke Teddy

der nasse Teddy

der große Teddy

Lösungsseite

Steigerung von Adjektiven

Welches Adjektiv passt? Setze es in der richtigen Form ein.

laut alt schnell

Max ist __________, aber Peter ist __________ als Max.
Julia hat das Wettrennen gewonnen, denn sie ist __________.

Der Wecker ist __________.
Die Kirchenglocken sind __________.
Der Feueralarm ist __________.

Großmutter ist schon __________,
aber Großvater ist __________.
Urgroßmutter ist __________.

Steigerung von Adjektiven

Welches Adjektiv passt? Setze es in der richtigen Form ein.

laut alt schnell

Max ist schnell, aber Peter
ist schneller als Max.
Julia hat das Wettrennen gewonnen,
denn sie ist am schnellsten.

Der Wecker ist laut.
Die Kirchenglocken sind lauter.
Der Feueralarm ist am lautesten.

Großmutter ist schon alt,
aber Großvater ist älter.
Urgroßmutter ist am ältesten.

Welche Präpositionen fehlen? Trage sie ein.

Das Auto steht ________ dem Haus.

Der Ball liegt ________ dem Bett.

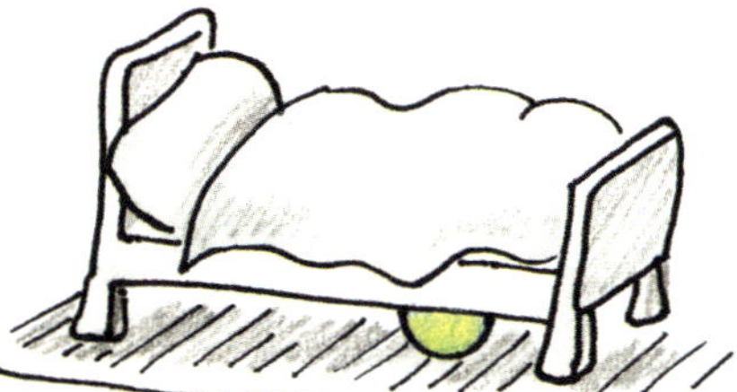

Das Kind ist ________ dem Baum.

Die Katze sitzt ________ dem Sofa.

Präpositionen

Welche Präpositionen fehlen? Trage sie ein.

Das Auto steht
vor dem Haus.

Der Ball liegt
unter dem Bett.

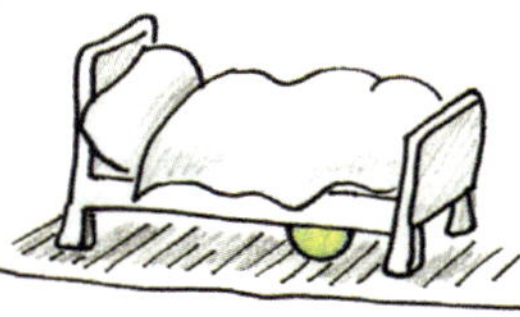

Das Kind ist
hinter
dem Baum.

Die Katze sitzt
auf dem Sofa.

Präpositionen
sagen dir, **wo** etwas ist:
über, unter, vor, hinter,
zwischen, auf …

Verben in der Grundform

Finde die richtigen Verben und trage sie ein.

pellen	~~p~~	→	b	
kraulen	~~kr~~	→	j	
kaufen	~~k~~	→	l	
gehen	~~g~~	→	st	
machen	~~m~~	→	l	
winken	~~w~~	→	tr	
loben	~~l~~	→	t	
zucken	~~z~~	→	d	
naschen	~~n~~	→	w	
lochen	~~l~~	→	k	
sehen	~~s~~	→	w	
pudern	~~p~~	→	r	

Verben in der Grundform

Finde die richtigen Verben und trage sie ein.

pellen	~~p~~	→	b	bellen
kraulen	~~kr~~	→	j	jaulen
kaufen	~~k~~	→	l	laufen
gehen	~~g~~	→	st	stehen
machen	~~m~~	→	l	lachen
winken	~~w~~	→	tr	trinken
loben	~~l~~	→	t	toben
zucken	~~z~~	→	d	ducken
naschen	~~n~~	→	w	waschen
lochen	~~l~~	→	k	kochen
sehen	~~s~~	→	w	wehen
pudern	~~p~~	→	r	rudern

Personalpronomen

Ergänze die Personalpronomen.

1. ____________ schreibe
2. ____________ schreibst
3. ____________ schreibt
1. ____________ schreiben
2. ____________ schreibt
3. ____________ schreiben

1. ____________ turne
2. ____________ turnst
3. ____________ turnt
1. ____________ turnen
2. ____________ turnt
3. ____________ turnen

Singular

1. ____________
2. ____________
3. ____________

Plural

1. ____________
2. ____________
3. ____________

Personalpronomen

Ergänze die Personalpronomen.

1. ich schreibe
2. du schreibst
3. er/sie/es schreibt
1. wir schreiben
2. ihr schreibt
3. sie schreiben

1. ich turne
2. du turnst
3. er/sie/es turnt
1. wir turnen
2. ihr turnt
3. sie turnen

Singular
1. ich
2. du
3. er/sie/es

Plural
1. wir
2. ihr
3. sie

Verben im Präsens

Was macht Linus? Suche zu jeder Grundform die passende er-Form. Trage den Lösungsbuchstaben ein.

er-Form

1.	er segelt	O
2.	er baut	M
3.	er malt	S
4.	er spielt	M
5.	er kann	F
6.	er liest	E
7.	er fährt	R
8.	er nimmt	R
9.	er sieht	E
10.	er schwimmt	E
11.	er läuft	N
12.	er geht	I

Grundform

malen	S
segeln	
bauen	
spielen	
lesen	
nehmen	
können	
schwimmen	
fahren	
gehen	
sehen	
laufen	

Lösungswort: ______________________

Verben im Präsens

Was macht Linus? Suche zu jeder Grundform die passende er-Form. Trage den Lösungsbuchstaben ein.

er-Form

1.	er segelt	O
2.	er baut	M
3.	er malt	S
4.	er spielt	M
5.	er kann	F
6.	er liest	E
7.	er fährt	R
8.	er nimmt	R
9.	er sieht	E
10.	er schwimmt	E
11.	er läuft	N
12.	er geht	I

Grundform

malen	S
segeln	O
bauen	M
spielen	M
lesen	E
nehmen	R
können	F
schwimmen	E
fahren	R
gehen	I
sehen	E
laufen	N

Lösungswort: S O M M E R F E R I E N

Wie kommt Linus zum roten Ball?

Kleine Pause

Wie kommt Linus zum roten Ball?

Rechne alle Aufgaben.

24 : 4 = 6

240 : 40 = 6

	3	6	:		6	=	6
3	6	0	:	6	0	=	6
	2	4	:		8	=	
2	4	0	:	8	0	=	
	6	3	:		7	=	
6	3	0	:	7	0	=	

1	8	0	:	9	0	=	2
3	6	0	:	4	0	=	
5	4	0	:	9	0	=	
2	4	0	:	6	0	=	
3	2	0	:	8	0	=	
2	1	0	:	7	0	=	
4	5	0	:	9	0	=	
6	3	0	:	9	0	=	
7	2	0	:	8	0	=	

Dividieren

Rechne alle Aufgaben.

24 : 4 = 6

240 : 40 = 6

	3	6	:		6	=	6
3	6	0	:	6	0	=	6
	2	4	:		8	=	3
2	4	0	:	8	0	=	3
	6	3	:		7	=	9
6	3	0	:	7	0	=	9

1	8	0	:	9	0	=	2
3	6	0	:	4	0	=	9
5	4	0	:	9	0	=	6
2	4	0	:	6	0	=	4
3	2	0	:	8	0	=	4
2	1	0	:	7	0	=	3
4	5	0	:	9	0	=	5
6	3	0	:	9	0	=	7
7	2	0	:	8	0	=	9

Lösungsseite

Rechne die Geteiltaufgaben schrittweise.

Linus will 72 Eier in Kartons verpacken. In einen Karton passen 6 Eier. Wie viele Kartons braucht er?

7	2	:	6	=	1	2
6	0	:	6	=	1	0
1	2	:	6	=		2
7	2	:	6	=	1	2

Linus braucht ____ Kartons.

3	6	:	3	=	1	2
3	0	:	3	=	1	0
	6	:	3	=		2

1	1	9	:	7	=	1	5
	7	0	:	7	=	1	0
	4	9	:	7	=		7

2	8	:	2	=	1	4
2	0	:	2	=	1	0
	8	:	2	=		4

1	4	4	:	8	=		
			:		=		
			:		=		

7	8	:	6	=	1	2
6	0	:	6	=	1	0
1	2	:	6	=		2

1	7	1	:	9	=		
			:		=		
			:		=		

Halbschriftlich dividieren

Rechne die Geteiltaufgaben schrittweise.

Linus will 72 Eier in Kartons verpacken. In einen Karton passen 6 Eier. Wie viele Kartons braucht er?

7	2	:	6	=		
6	0	:	6	=	1	0
1	2	:	6	=		2
7	2	:	6	=	1	2

Linus braucht 12 Kartons.

3	6	:	3	=	1	2			1	1	9	:	7	=	1	7
3	0	:	3	=	1	0				7	0	:	7	=	1	0
	6	:	3	=		2				4	9	:	7	=		7
2	8	:	2	=	1	4			1	4	4	:	8	=	1	8
2	0	:	2	=	1	0				8	0	:	8	=	1	0
	8	:	2	=		4				6	4	:	8	=		8
7	8	:	6	=	1	3			1	7	1	:	9	=	1	9
6	0	:	6	=	1	0				9	0	:	9	=	1	0
1	8	:	6	=		3				8	1	:	9	=		9

Dividieren mit Probe

Rechne die Aufgaben und die Probe. Klebe die Sticker auf.

1	1	9	:	7	=		Probe:					
	7	0	:	7	=		1	0	·	7	=	
	4	9	:	7	=			7	·	7	=	
1	1	9	:	7	=		1	7	·	7	=	

1	2	6	:	3	=							
1	2	0	:	3	=				·		=	
		6	:	3	=				·		=	
1	2	6	:	3	=							

1	4	7	:	7	=							
			:		=				·		=	
			:		=				·		=	
			:		=							

Dividieren mit Probe

Rechne die Aufgaben und die Probe. Klebe die Sticker auf.

	Probe:
119 : 7 = 17	
70 : 7 = 10	10 · 7 = 70
49 : 7 = 7	7 · 7 = 49
119 : 7 = 17	17 · 7 = 119

126 : 3 = 42	
120 : 3 = 40	40 · 3 = 120
6 : 3 = 2	2 · 3 = 6
126 : 3 = 42	42 · 3 = 126

147 : 7 = 21	
140 : 7 = 20	20 · 7 = 140
7 : 7 = 1	1 · 7 = 7
147 : 7 = 21	21 · 7 = 147

Lösungsseite

Dividieren

Kreise alle Zahlen ein, die ohne Rest teilbar sind.

teilbar durch 2

61 42
37 15

teilbar durch 5

25 75
90 92

teilbar durch 7

84 13
41 98

teilbar durch 10

90 82
200 60

teilbar durch 6

90 69
72 78

teilbar durch 4

68 52
58 60

teilbar durch 3

97 52
45 42

Dividieren

Kreise alle Zahlen ein, die ohne Rest teilbar sind.

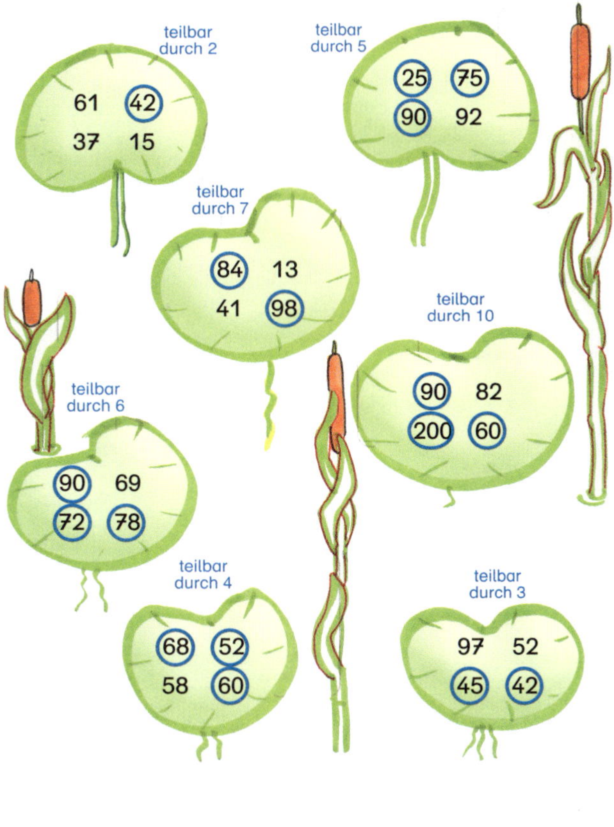

Lösungsseite

Zahlenrätsel

Kannst du die Rätsel lösen?

Multipliziere 6 mit 8 und verdopple.

Dividiere 56 durch das Doppelte von 4.

Nimm ein Viertel von 100 und addiere 10.

Zahlenrätsel

Kannst du die Rätsel lösen?

Multipliziere 6 mit 8 und verdopple.

$6 \cdot 8 = 48$

$48 \cdot 2 = 96$

Dividiere 56 durch das Doppelte von 4.

$4 \cdot 2 = 8$

$56 : 8 = 7$

Nimm ein Viertel von 100 und addiere 10.

$100 : 4 = 25$

$25 + 10 = 35$

Dividieren mit Rest

Rechne die Aufgaben. Es bleibt ein Rest (R).

5	4	:	4	=	1	3	R	2
4	0	:	4	=	1	0		
1	4	:	4	=		3	R	2

Probe:						
1	3	·	4	=		
5	2	+	2	=		

6	7	:	3	=				

Probe:						

7	5	:	6	=				

Probe:						

Dividieren mit Rest

Rechne die Aufgaben. Es bleibt ein Rest (R).

5	4	:	4	=	1	3	R 2
4	0	:	4	=	1	0	
1	4	:	4	=		3	R 2

Probe:

1	3	·	4	=	5	2
5	2	+	2	=	5	4

6	7	:	3	=	2	2	R 1
6	0	:	3	=	2	0	
	7	:	3	=		2	R 1

Probe:

2	2	·	3	=	6	6
6	6	+	1	=	6	7

7	5	:	6	=	1	2	R 3
6	0	:	6	=	1	0	
1	5	:	6	=		2	R 3

Probe:

1	2	·	6	=	7	2
7	2	+	3	=	7	5

Lösungsseite

Linus sucht die fehlende Scherbe. Male sie an.

Kleine Pause

Linus sucht die fehlende Scherbe. Male sie an.

Verben im Präteritum

Findest du die passende Form im Präteritum?

ich falle	–	ich fiel
ich sitze	–	ich saß
ich heiße	–	
ich rufe	–	
ich komme	–	
ich gehe	–	
ich schreie	–	
ich finde	–	

ich sehe	–	
ich halte	–	
ich laufe	–	
ich liege	–	
ich merke	–	
ich renne	–	
ich kaufe	–	

Verben im Präteritum

Findest du die passende Form im Präteritum?

ich falle	–	ich fiel
ich sitze	–	ich saß
ich heiße	–	ich hieß
ich rufe	–	ich rief
ich komme	–	ich kam
ich gehe	–	ich ging
ich schreie	–	ich schrie
ich finde	–	ich fand

ich sehe	–	ich sah
ich halte	–	ich hielt
ich laufe	–	ich lief
ich liege	–	ich lag
ich merke	–	ich merkte
ich renne	–	ich rannte
ich kaufe	–	ich kaufte

Ergänze die fehlenden Verben.

Wo bist du gewesen?

1. Ich habe ______ unter dem Tisch gesessen ______.
   (sitzen)

2. Ich ______ mich schnell auf
   den Boden ______.
   (sich legen)

3. Ich ______ aus dem Fenster
   ______. (springen)

4. Ich ______ hinter der Palme in Deckung
   ______. (gehen)

5. Ich ______ im Schwimmbecken
   ______. (untertauchen)

Verben im Perfekt

Ergänze die fehlenden Verben.

Wo bist du gewesen?

1. Ich habe unter dem Tisch gesessen. (sitzen)

2. Ich habe mich schnell auf den Boden gelegt. (sich legen)
3. Ich bin aus dem Fenster gesprungen. (springen)
4. Ich bin hinter der Palme in Deckung gegangen. (gehen)
5. Ich bin im Schwimmbecken untergetaucht. (untertauchen)

Verben im Perfekt

Ergänze die fehlenden Formen.

Präsens	Perfekt
ich kaufe	ich
ich hole	
ich sehe	
ich male	
ich gehe	
ich laufe	
ich fahre	
ich falle	
ich schleiche	
ich springe	

Verben im Perfekt

Ergänze die fehlenden Formen.

Präsens	Perfekt
ich kaufe	ich habe gekauft
ich hole	ich habe geholt
ich sehe	ich habe gesehen
ich male	ich habe gemalt
ich gehe	ich bin gegangen
ich laufe	ich bin gelaufen
ich fahre	ich bin gefahren
ich falle	ich bin gefallen
ich schleiche	ich bin geschlichen
ich springe	ich bin gesprungen

Verben im Futur

Klebe die richtigen Verben auf und bilde das Futur.

g r e n e n

Morgen früh wird es ______________________

______________________________________.

e i s c h n e n

Übermorgen ______________________

______________________________________.

s t r ü m e n

Im Gebirge ______________________

______________________________________.

r e i f r e n

In der Nacht zum Montag

____

______________________________________.

Verben im Futur

Klebe die richtigen Verben auf und bilde das Futur.

Morgen früh wird es regnen.

Übermorgen wird es schneien.

Im Gebirge wird es stürmen.

In der Nacht zum Montag wird es frieren.

Lösungsseite

Verben im Futur

Bilde das Futur.

laufen	–	er	wird laufen
sehen	–	ich	
hören	–	du	
reisen	–	wir	
lernen	–	ihr	
kochen	–	sie	
fragen	–	ich	
bauen	–	er	
zelten	–	er	

Lösungsseite

Verben im Futur

Bilde das Futur.

laufen	–	er	wird laufen
sehen	–	ich	werde sehen
hören	–	du	wirst hören
reisen	–	wir	werden reisen
lernen	–	ihr	werdet lernen
kochen	–	sie	werden kochen
fragen	–	ich	werde fragen
bauen	–	er	wird bauen
zelten	–	er	wird zelten

Konjunktionen

Ergänze die passenden Konjunktionen.

Mit Konjunktionen kann man Wörter und Sätze verbinden: und, oder, aber ...

1. Pia hatte Husten und ________ Schnupfen.
2. Möchtest du Apfelsaft ________ Wasser?
3. Paul kann nicht singen, ________ gut rechnen.
4. Sie interessierte sich für Sport ________ berühmte Sportler.
5. Ich möchte gern Nudeln ________ Tomatensoße.
6. Hast du im Mai ________ Juni Geburtstag?
7. Unser Kater frisst gerne Fisch, ________ kein Gemüse.

Konjunktionen, die du kennst:

____

____

____

Konjunktionen

Ergänze die passenden Konjunktionen.

1. Pia hatte Husten und Schnupfen.
2. Möchtest du Apfelsaft oder Wasser?
3. Paul kann nicht singen, aber gut rechnen.
4. Sie interessierte sich für Sport und berühmte Sportler.
5. Ich möchte gern Nudeln und Tomatensoße.
6. Hast du im Mai oder Juni Geburtstag?
7. Unser Kater frisst gerne Fisch, aber kein Gemüse.

Konjunktionen, die du kennst:

Eigene Lösung

Lösungsseite

Kleine Pause

Löse das Sudoku mit den Zahlen 1 bis 9. In jedem kleinen Quadrat, jeder Zeile und jeder Spalte darf jede Zahl nur einmal vorkommen.

6	1	7	2	9	3	8		5
8		5	1	7	6	3	2	9
3	2	9		5	8	6	1	7
7	6	1		2	9	4	5	8
9	3		8	4	5	1	7	6
5	8	4	6		7	2	9	3
4	5	8	9	3	2	7		1
1	7	6	5		4	9	3	
	9	3	7	6	1	5	8	

Kleine Pause

Löse das Sudoku mit den Zahlen 1 bis 9. In jedem kleinen Quadrat, jeder Zeile und jeder Spalte darf jede Zahl nur einmal vorkommen.

6	1	7	2	9	3	8	4	5
8	4	5	1	7	6	3	2	9
3	2	9	4	5	8	6	1	7
7	6	1	3	2	9	4	5	8
9	3	2	8	4	5	1	7	6
5	8	4	6	1	7	2	9	3
4	5	8	9	3	2	7	6	1
1	7	6	5	8	4	9	3	2
2	9	3	7	6	1	5	8	4

Rechne in die vorgegebene Maßeinheit um.

1	0	min	=	6	0	0	s
	5	min	=				s
	8	min	=				s
	2	min	=				s
	4	min	=				s

	6	0	s	=		1	min
1	2	0	s	=			min
3	0	0	s	=			min
4	8	0	s	=			min
6	6	0	s	=			min

1	8	0	min	=		3	h
3	6	0	min	=			h
4	2	0	min	=			h
5	4	0	min	=			h
6	0	0	min	=			h

1 Stunde hat 60 Minuten.
1 Minute hat 60 Sekunden.
1 h = 60 min
1 min = 60 s

Stunden, Minuten, Sekunden

Rechne in die vorgegebene Maßeinheit um.

10 min	=	600 s
5 min	=	300 s
8 min	=	480 s
2 min	=	120 s
4 min	=	240 s

60 s	=	1 min
120 s	=	2 min
300 s	=	5 min
480 s	=	8 min
660 s	=	11 min

180 min	=	3 h
360 min	=	6 h
420 min	=	7 h
540 min	=	9 h
600 min	=	10 h

1 Stunde hat 60 Minuten.
1 Minute hat 60 Sekunden.
1 h = 60 min
1 min = 60 s

Ergänze die fehlenden Minuten zur vollen Stunde.

15:35 Uhr	+ 5 min →	15:40 Uhr	+ 20 min →	16:00 Uhr	25 min
9:05 Uhr	+ →		+ →	10:00 Uhr	
21:19 Uhr	+ →		+ →	22:00 Uhr	
10:15 Uhr	+ →		+ →	11:00 Uhr	
9:33 Uhr	+ →		+ →	10:00 Uhr	

Rechnen mit Minuten

Ergänze die fehlenden Minuten zur vollen Stunde.

15:35 Uhr	+ 5 min →	15:40 Uhr	+ 20 min →	16:00 Uhr	25 min
9:05 Uhr	+ 5 min →	9:10 Uhr	+ 50 min →	10:00 Uhr	55 min
21:19 Uhr	+ 1 min →	21:20 Uhr	+ 40 min →	22:00 Uhr	41 min
10:15 Uhr	+ 5 min →	10:20 Uhr	+ 40 min →	11:00 Uhr	45 min
9:33 Uhr	+ 7 min →	9:40 Uhr	+ 20 min →	10:00 Uhr	27 min

Rechne aus, was du beim Einkaufen bezahlen musst.

1 Flasche Saft und Kekse: 2 € + 1 € = 3 €

2 Päckchen Kekse und 1 Saft:

1 T-Shirt und 1 Kappe:

1 Ball und 2 Fahnen:

5 Flaschen Saft:

Rechnen mit Geld

Rechne aus, was du beim Einkaufen bezahlen musst.

1 Flasche Saft und Kekse:								2	€	+	1	€	=	3	€	
2 Päckchen Kekse und 1 Saft:									2	€	+	2	€	=	4	€
1 T-Shirt und 1 Kappe:							2	0	€	+	5	€	=	2	5	€
1 Ball und 2 Fahnen:						1	5	€	+	1	€	=	1	6	€	
5 Flaschen Saft:						2	€	·	5	=	1	0	€			

Unterstreiche in der Textaufgabe, was wichtig ist. Finde die Frage. Schreibe die Aufgabe. Antworte mit einem Satz.

Samira wünscht sich zum Geburtstag Inlineskates.
Sie wird 10 Jahre alt. Die Schuhe kosten 35 €.
Samiras Mutter meint, dass sie auch unbedingt
Arm- und Knieschoner braucht. Sie kosten 12 €.
Außerdem benötigt sie noch einen Helm. Er kostet 30 €.

Frage:

Rechnung:

Antwort:

Rechnen mit Geld

Unterstreiche in der Textaufgabe, was wichtig ist. Finde die Frage. Schreibe die Aufgabe. Antworte mit einem Satz.

Samira wünscht sich zum Geburtstag Inlineskates. Sie wird 10 Jahre alt. Die Schuhe kosten 35 €. Samiras Mutter meint, dass sie auch unbedingt Arm- und Knieschoner braucht. Sie kosten 12 €. Außerdem benötigt sie noch einen Helm. Er kostet 30 €.

Frage: Was kostet die ganze Ausrüstung?

Rechnung:

		3	5	€				4	7	€	
	+	1	2	€			+	3	0	€	
		4	7	€				7	7	€	

Antwort: Die Ausrüstung kostet 77 €.

Zentimeter und Millimeter

Rechne in die vorgegebene Maßeinheit um.

2	cm	=	2 0 mm
6	cm	=	
5	cm	=	
3 0	cm	=	
7	cm	=	
2 6	cm	=	
9 1	cm	=	
6 5	cm	=	
8 1	cm	=	

4 5	mm	=	4 cm + 5 mm
1 0 3	mm	=	
6 8	mm	=	
4	mm	=	
7 2	mm	=	
2 0 1	mm	=	
1 2 2	mm	=	
8 9	mm	=	
4 0 3	mm	=	

Zentimeter und Millimeter

Rechne in die vorgegebene Maßeinheit um.

	2	cm =		2	0	mm
	6	cm =		6	0	mm
	5	cm =		5	0	mm
3	0	cm =	3	0	0	mm
	7	cm =		7	0	mm
2	6	cm =	2	6	0	mm
9	1	cm =	9	1	0	mm
6	5	cm =	6	5	0	mm
8	1	cm =	8	1	0	mm

	4	5 mm =		4 cm +	5 mm
1	0	3 mm =	1	0 cm +	3 mm
	6	8 mm =		6 cm +	8 mm
		4 mm =			4 mm
	7	2 mm =		7 cm +	2 mm
2	0	1 mm =	2	0 cm +	1 mm
1	2	2 mm =	1	2 cm +	2 mm
	8	9 mm =		8 cm +	9 mm
4	0	3 mm =	4	0 cm +	3 mm

Lösungsseite

Wandle in die vorgegebene Maßeinheit um.

70 cm = 0 m + 70 cm
1132 cm = ______
1001 cm = ______

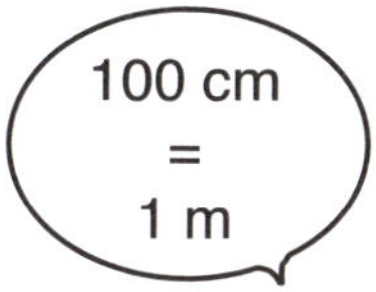

200 cm = ___ m
600 cm = ___ m
1300 cm = ___ m

Vervollständige die Tabelle. Hinter dem Komma stehen immer zwei Stellen (Zehner- und Einerzentimeter).

cm	m	cm	Kommazahl m
245 cm	2	45	2,45 m
613 cm			
	5	38	
1151 cm			
	16	59	
	2	1	

Zentimeter und Meter

Wandle in die vorgegebene Maßeinheit um.

70 cm = 0 m + 70 cm
1132 cm = 11 m + 32 cm
1001 cm = 10 m + 1 cm

200 cm = 2 m
600 cm = 6 m
1300 cm = 13 m

Vervollständige die Tabelle. Hinter dem Komma stehen immer zwei Stellen (Zehner- und Einerzentimeter).

cm	m	cm	Kommazahl m
245 cm	2	45	2,45 m
613 cm	6	13	6,13 m
538 cm	5	38	5,38 m
1151 cm	11	51	11,51 m
1659 cm	16	59	16,59 m
201 cm	2	1	2,01 m

Kleine Pause

1 2 3 4 5 6

Kleine Pause

1 2 3 4 5 6

Wörter mit a und ä

Immer zwei Wörter gehören zusammen.
Trage die fehlenden Zahlen ein.

1 der Bäcker	(1) backen
2 kräftig	( ) die Kraft
3 der Gärtner	( ) der Garten
4 das Rätsel	( ) kalt
5 zählen	( ) raten
6 die Kälte	( ) die Zahl
7 er wählt	( ) der Tag
8 täglich	( ) die Wahl
9 ängstlich	( ) handeln
10 der Händler	( ) die Angst
11 erklären	( ) der Arm
12 der Ärmel	( ) klar

Wörter mit a und ä

Immer zwei Wörter gehören zusammen.
Trage die fehlenden Zahlen ein.

1 der Bäcker	1 backen
2 kräftig	2 die Kraft
3 der Gärtner	3 der Garten
4 das Rätsel	6 kalt
5 zählen	4 raten
6 die Kälte	5 die Zahl
7 er wählt	8 der Tag
8 täglich	7 die Wahl
9 ängstlich	10 handeln
10 der Händler	9 die Angst
11 erklären	12 der Arm
12 der Ärmel	11 klar

Fehlt **e** oder **ä**? Trage die fehlenden Buchstaben ein. Wenn du ein verwandtes Wort mit **a** findest, schreibe es auf.

Schreibe immer **ä,** wenn du ein verwandtes Wort mit **a** findest.

das Gefängnis — gefangen

das M__sser

m__nnlich

sie tr__gt

__ngstlich

l__cheln

t__glich

er l__gt

m__chtig

sie s__geln

er ber__t

das Gel__nde

Wörter mit e und ä

Fehlt **e** oder **ä**? Trage die fehlenden Buchstaben ein. Wenn du ein verwandtes Wort mit **a** findest, schreibe es auf.

Schreibe immer **ä**, wenn du ein verwandtes Wort mit **a** findest.

das Gefängnis	gefangen
das Messer	–
männlich	der Mann
sie trägt	tragen
ängstlich	die Angst
lächeln	das Lachen
täglich	der Tag
er legt	–
mächtig	die Macht
sie segeln	–
er berät	beraten
das Gelände	das Land

Wörter mit au und äu

Was gehört zusammen? Nummeriere und schreibe auf.

1 säubern
2 läuten
3 das Gebäude
4 schäumen
5 die Bäuerin
6 säuerlich
7 das Gemäuer
8 träumen
9 käuflich
10 der Läufer

laufen
der Schaum
1 sauber
bauen
kaufen
der Traum
sauer
der Bauer
laut
die Mauer

Wörter mit au und äu

Was gehört zusammen? Nummeriere und schreibe auf.

1 säubern	10 laufen
2 läuten	4 der Schaum
3 das Gebäude	1 sauber
4 schäumen	3 bauen
5 die Bäuerin	9 kaufen
6 säuerlich	8 der Traum
7 das Gemäuer	6 sauer
8 träumen	5 der Bauer
9 käuflich	2 laut
10 der Läufer	7 die Mauer

Schreibe immer **äu**, wenn du ein verwandtes Wort mit **au** findest.

1 säubern – sauber, 2 läuten – laut,
3 das Gebäude – bauen, 4 schäumen – der Schaum,
5 die Bäuerin – der Bauer, 6 säuerlich – sauer,
7 das Gemäuer – die Mauer,
8 träumen – der Traum, 9 käuflich – kaufen,
10 der Läufer – laufen

Ergänze die fehlenden Vokale. Sprich die Reimwörter.
Markiere kurze Vokale mit einem Punkt.

die Bạnk
der Schr__nk

das Z__lt
die W__lt

der F__sch
der T__sch

die W__rst
der D__rst

der K__pf
der T__pf

die W__nd
der S__nd

der T__rm
der W__rm

der P__lz
der F__lz

der H__nd
der M__nd

Vokale

Ergänze die fehlenden Vokale. Sprich die Reimwörter.
Markiere kurze Vokale mit einem Punkt.

die B a nk
der Schr a nk

das Z e lt
die W e lt

der F i sch
der T i sch

die W u rst
der D u rst

der K o pf
der T o pf

die W a nd
der S a nd

der T u rm
der W u rm

der H u nd
der M u nd

der P i lz
der F i lz

Lösungsseite

Wörter mit ck

Immer drei Wörter gehören zusammen:
Nomen, Verb und Adjektiv. Schreibe sie auf.

Backwaren, backen, frischgebacken

Wörter mit ck

Immer drei Wörter gehören zusammen:
Nomen, Verb und Adjektiv. Schreibe sie auf.

Backwaren, backen, frischgebacken
Trockenheit, trocknen, trocken
Trick, tricksen, trickreich
Zucker, zuckern, zuckersüß
Leckereien, lecken, lecker
Knäckebrot, knacken, knackig

Schreibe die Nomen mit **tz** in die Katzen.

schwitzen

kitzelig witzig

spritzen Spatz Katze

kratzen Platz Satz schmatzen

trotzig putzen schmutzig

nützlich Hitze sitzen

plötzlich ~~Blitz~~

Mütze

Lösungsseite

Wörter mit tz

Schreibe die Nomen mit **tz** in die Katzen.

schwitzen

kitzelig witzig

spritzen ~~Spatz~~ ~~Katze~~

kratzen ~~Platz~~ ~~Satz~~ schmatzen

trotzig putzen schmutzig

nützlich ~~Hitze~~ sitzen

plötzlich ~~Mütze~~ ~~Blitz~~

Schau genau und zähle die Raben.

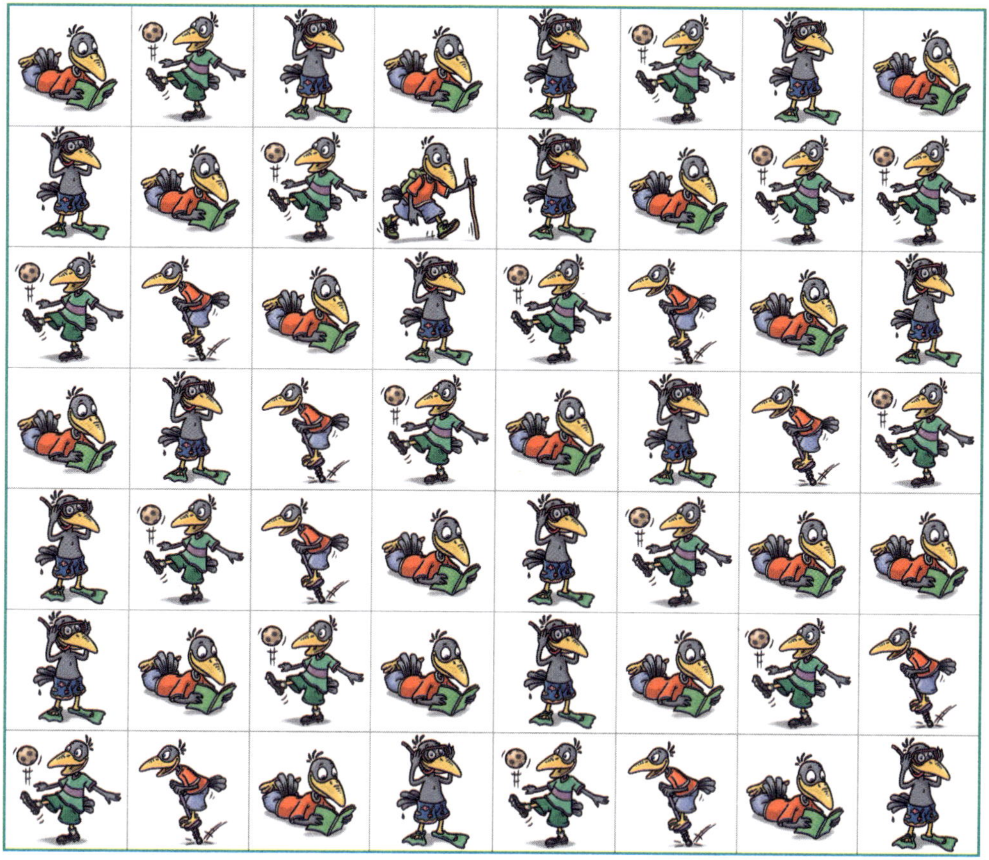

Kleine Pause

Schau genau und zähle die Raben.

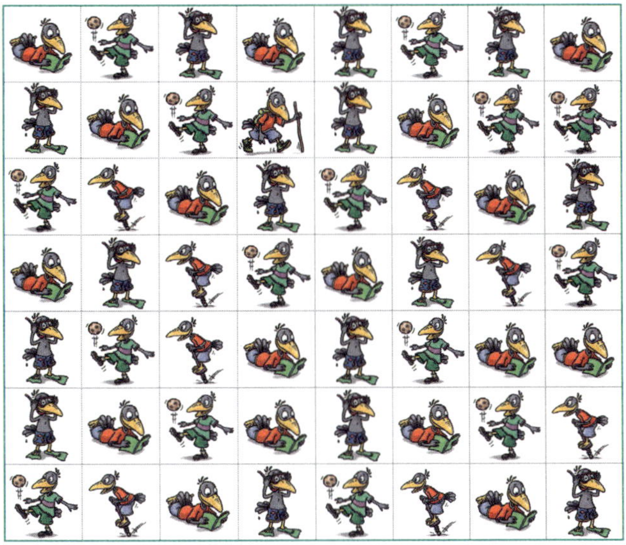

15 17 8 1 15

Vervollständige die Tabelle.

km/m	km	m	Kommazahl km
1 km 250 m	1	250	1,250 km
6 km 370 m			
	3	125	
	1	17	

Wandle die Kommazahlen um.

4,5 km = 4 km 500 m

6,3 km =

7,0 km =

0,4 km =

Wandle in Kommazahlen um.

4 km 567 m =

10 km 345 m = 10,345 km

9 km 775 m =

236 m =

Meter und Kilometer

Vervollständige die Tabelle.

km/m	km	m	Kommazahl km
1 km 250 m	1	250	1,250 km
6 km 370 m	6	370	6,370 km
3 km 125 m	3	125	3,125 km
1 km 17 m	1	17	1,017 km

Wandle die Kommazahlen um.

4,5 km = 4 km 500 m

6,3 km = 6 km 300 m

7,0 km = 7 km

0,4 km = 400 m

Wandle in Kommazahlen um.

4 km 567 m = 4,567 km

10 km 345 m = 10,345 km

9 km 775 m = 9,775 km

236 m = 0,236 km

Ergänze die Frage, die Rechnung und die Antwort.

Der Parkplatz wird eingezäunt. Er ist 15 m lang und 18 m breit. Für die Einfahrt bleiben 5 m frei. Der Rest wird mit einem Holzzaun eingezäunt.

Frage:

Rechnung:

Antwort:

Textaufgabe

Ergänze die Frage, die Rechnung und die Antwort.

Der Parkplatz wird eingezäunt. Er ist 15 m lang und 18 m breit. Für die Einfahrt bleiben 5 m frei. Der Rest wird mit einem Holzzaun eingezäunt.

Frage: Wie viele Meter Holzzaun werden benötigt?

Rechnung:

1	5	m	·	2	=	3	0	m		
1	8	m	·	2	=	3	6	m		
3	0	m	+	3	6	m	=	6	6	m
6	6	m	–		5	m	=	6	1	m

Antwort: Es werden 61 m Holzzaun benötigt.

Gramm und Kilogramm

Ergänze die Stellenwerttabelle.

	Kilo	Gramm			
		H	Z	E	
25 kg 250 g	25	2	5	0	25,250 kg
1 kg 525 g					
2 kg 552 g					
250 g					
12 kg 525 g					
5 kg 520 g					
5 g					

Schreibe als Kommazahl.

1	kg	2	3	0	g	=	1,	2	3	0	kg
2	kg	4	2	0	g	=					
3	kg	3	3	0	g	=					
4	kg	6	7	0	g	=					
5	kg	5	6	0	g	=					

Gramm und Kilogramm

Ergänze die Stellenwerttabelle.

	Kilo	Gramm H	Gramm Z	Gramm E	
25 kg 250 g	25	2	5	0	25,250 kg
1 kg 525 g	1	5	2	5	1,525 kg
2 kg 552 g	2	5	5	2	2,552 kg
250 g	0	2	5	0	0,250 kg
12 kg 525 g	12	5	2	5	12,525 kg
5 kg 520 g	5	5	2	0	5,520 kg
5 g	0	0	0	5	0,005 kg

Schreibe als Kommazahl.

1 kg 2 3 0 g = 1, 2 3 0 kg
2 kg 4 2 0 g = 2, 4 2 0 kg
3 kg 3 3 0 g = 3, 3 3 0 kg
4 kg 6 7 0 g = 4, 6 7 0 kg
5 kg 5 6 0 g = 5, 5 6 0 kg

Kilogramm und Tonnen

Schreibe als Kommazahl in Tonnen (t).

	2	3	t	0	0	0	kg	=	2	3,	0	0	0	t		
			1	1	2	3	kg	=								
			4	t	2	3	kg	=								
			1	0	t	1	kg	=								
		1	t	5	5	5	kg	=								
			2	t	6	4	kg	=								
		4	t	7	8	5	kg	=								
		6	t	4	5	1	kg	=								

Ordne. Beginne mit dem kleinsten Gewicht.

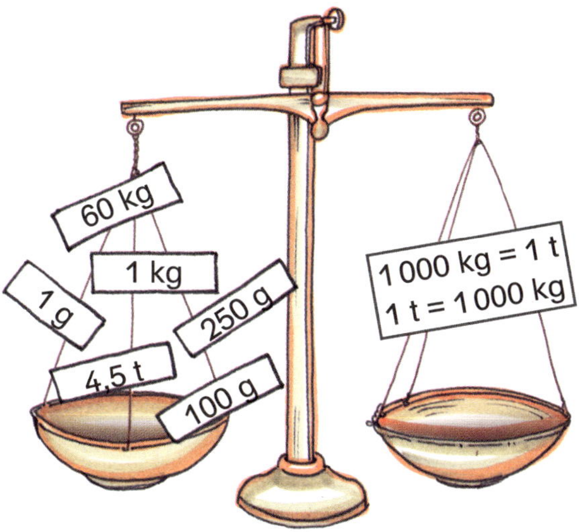

1.
2.
3.
4.
5.
6.

Kilogramm und Tonnen

Schreibe als Kommazahl in Tonnen (t).

	2	3	t	0	0	0	kg	=	2	3,	0	0	0	t		
			1	1	2	3	kg	=		1,	1	2	3	t		
			4	t	2	3	kg	=		4,	0	2	3	t		
			1	0	t	1	kg	=	1	0,	0	0	1	t		
		1	t	5	5	5	kg	=		1,	5	5	5	t		
			2	t	6	4	kg	=		2,	0	6	4	t		
		4	t	7	8	5	kg	=		4,	7	8	5	t		
		6	t	4	5	1	kg	=		6,	4	5	1	t		

Ordne. Beginne mit dem kleinsten Gewicht.

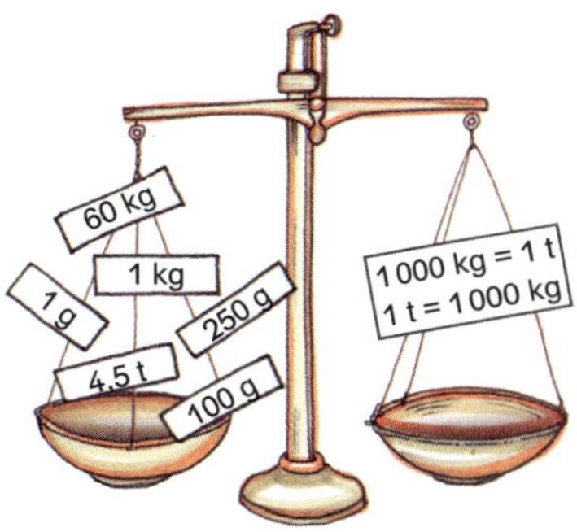

1. 1 g
2. 100 g
3. 250 g
4. 1 kg
5. 60 kg
6. 4,5 t

Gramm, Kilogramm, Tonnen

Ergänze die fehlenden Zahlen.

1 kg

400 g	+	600	g
60 g	+		g
765 g	+		g
282 g	+		g
350 g	+		g
180 g	+		g

1 t

600 kg	+		kg
52 kg	+		kg
440 kg	+		kg
98 kg	+		kg
700 kg	+		kg
320 kg	+		kg

Gramm, Kilogramm, Tonnen

Ergänze die fehlenden Zahlen.

1 kg

400 g	+	600	g
60 g	+	940	g
765 g	+	235	g
282 g	+	718	g
350 g	+	650	g
180 g	+	820	g

1 t

600 kg	+	400	kg
52 kg	+	948	kg
440 kg	+	560	kg
98 kg	+	902	kg
700 kg	+	300	kg
320 kg	+	680	kg

Textaufgabe

Lies die Aufgaben. Rechne aus. Überlege genau, ob du plus- oder minusrechnen musst. Kreise das richtige Zeichen ein.

1. Ein LKW wiegt leer 3,5 t. Er hat 4 t 262 kg geladen.
   Wie ist sein Gesamtgewicht?
   Ich rechne + − ______________________

2. Das Gesamtgewicht eines großen Sattelzuges beträgt 40 t. Er hat 15 t 236 kg geladen. Wie ist sein Leergewicht?
   Ich rechne + − ______________________

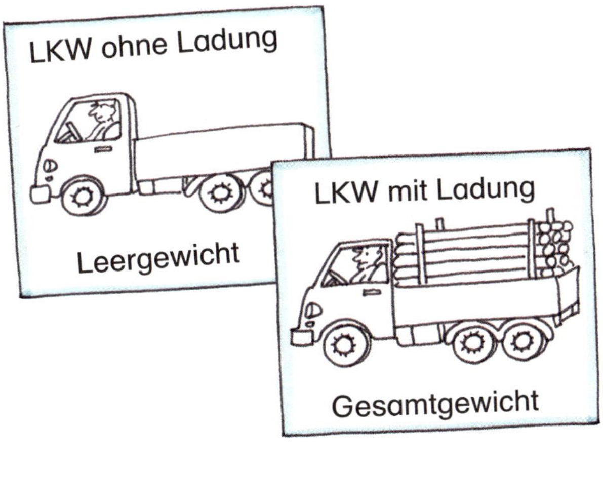

Textaufgabe

Lies die Aufgaben. Rechne aus. Überlege genau, ob du plus- oder minusrechnen musst. Kreise das richtige Zeichen ein.

1. Ein LKW wiegt leer 3,5 t. Er hat 4 t 262 kg geladen.
   Wie ist sein Gesamtgewicht?
   Ich rechne (+) – 3,500 t + 4,262 t = 7,762 t

2. Das Gesamtgewicht eines großen Sattelzuges beträgt 40 t. Er hat 15 t 236 kg geladen. Wie ist sein Leergewicht?
   Ich rechne + (–) 40,000 t – 15,236 t = 24,764 t

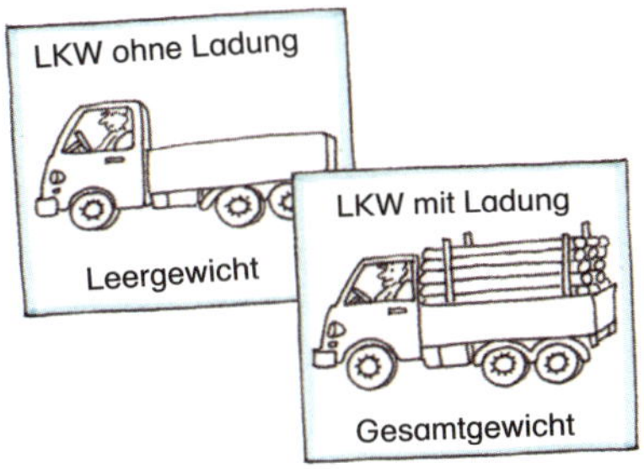

Lösungsseite

Welcher Fingerabdruck ist genau wie der große Fingerabdruck? Kreise ihn ein.

Kleine Pause

Welcher Fingerabdruck ist genau wie der große Fingerabdruck? Kreise ihn ein.

Sätze mit dass

Findest du heraus, wie die Sätze vollständig heißen?
Schreibe sie auf.

1. Rotkäppchen hoffte, …
2. Schneewittchen wünschte sich, …
3. Das Sams wusste, …

… **dass** seine Wunschpunkte echt waren.

… **dass** es bei den Zwergen bleiben durfte.

… **dass** seine Großmutter gesund war.

1. Rotkäppchen

Wenn du das Wort **dass** nicht durch **dieses** oder **welches** ersetzen kannst, schreibe **ss.**

Lösungsseite

Sätze mit dass

Findest du heraus, wie die Sätze vollständig heißen?
Schreibe sie auf.

1. Rotkäppchen hoffte, …	… **dass** seine Wunschpunkte echt waren.
2. Schneewittchen wünschte sich, …	… **dass** es bei den Zwergen bleiben durfte.
3. Das Sams wusste, …	… **dass** seine Großmutter gesund war.

1. Rotkäppchen hoffte, dass seine Großmutter gesund war.
2. Schneewittchen wünschte sich, dass es bei den Zwergen bleiben durfte.
3. Das Sams wusste, dass seine Wunschpunkte echt waren.

Wörter mit g und k

Fehlt **g** oder **k**? Bilde die Sätze in der wir-Form im Präteritum. Ergänze dann den fehlenden Buchstaben.

Wir lagen im Gras ______.

Der Junge lag im Gras.

Wir ______________________.

Der Dieb schlu ____ die Scheibe ein.

Wir ______________________.

Der Kater erschra ____.

Wir ______________________.

Der Bus bo ____ um die Ecke.

Wir ______________________.

Das Kind tran ____ die Milch.

Wörter mit g und k

Fehlt **g** oder **k**? Bilde die Sätze in der wir-Form im Präteritum. Ergänze dann den fehlenden Buchstaben.

Wir lagen im Gras.

Der Junge lag im Gras.

Wir schlugen die Scheibe ein.

Der Dieb schlug die Scheibe ein.

Wir erschraken.

Der Kater erschrak.

Wir bogen um die Ecke.

Der Bus bog um die Ecke.

Wir tranken die Milch.

Das Kind trank die Milch.

Unterstreiche die falschen Wörter.

Am Samstag bei Familie Lustig

Samstags sind bei Familie Lustig alle zu Hause. Vater locht das Mittagessen. Er bereitet Tischstäbchen mit Reis und Salat zu.
Mutter stört die Nachrichten und bügelt dabei Rosen.
Lotta will noch schnell ihre Haare naschen und baden.
Sie lässt Wasser in die Pfanne laufen. Ihr Bruder Tom faltet den Fernseher an, weil er einen Bierfilm sehen möchte.
Der kleine Benni buckelt an seinem Fläschchen.
Fackel Waldi, der Hund der Familie, spielt mit seinem Rock.
Er bringt ihn zur Laustür und bellt, weil er nach draußen in den Quark laufen will.
Nun tingelt es an der Tür. Es ist die Nachbarin.
Sie hat gestern ein Säckchen von der Post angenommen.
Lottas Spatentante schickt es ihr zum Geburtstag.

(Fortsetzung S. 135)

Am Samstag bei Familie Lustig

Unterstreiche die falschen Wörter.

Am Samstag bei Familie Lustig

Samstags sind bei Familie Lustig alle zu Hause. Vater <u>locht</u> das Mittagessen. Er bereitet <u>Tischstäbchen</u> mit Reis und Salat zu.
Mutter <u>stört</u> die Nachrichten und bügelt dabei <u>Rosen</u>.
Lotta will noch schnell ihre Haare <u>naschen</u> und baden.
Sie lässt Wasser in die <u>Pfanne</u> laufen. Ihr Bruder Tom <u>faltet</u> den Fernseher an, weil er einen <u>Bierfilm</u> sehen möchte.
Der kleine Benni <u>buckelt</u> an seinem Fläschchen.
<u>Fackel</u> Waldi, der Hund der Familie, spielt mit seinem <u>Rock</u>.
Er bringt ihn zur <u>Laustür</u> und bellt, weil er nach draußen in den <u>Quark</u> laufen will.
Nun <u>tingelt</u> es an der Tür. Es ist die Nachbarin.
Sie hat gestern ein <u>Säckchen</u> von der Post angenommen.
Lottas <u>Spatentante</u> schickt es ihr zum Geburtstag.

(Fortsetzung S. 136)

Am Samstag bei Familie Lustig

Das Telefon läutet. Opa fragt, ob seine Brille vielleicht noch in ihrem Wohnzimmer fliegt.
Mutter und Tom buchen Opas Brille und finden sie im Flur auf dem Fisch.

Schreibe die unterstrichenen Wörter richtig auf.

kocht,

Am Samstag bei Familie Lustig

Das Telefon läutet. Opa fragt, ob seine Brille vielleicht noch in ihrem Wohnzimmer fliegt.
Mutter und Tom buchen Opas Brille und finden sie im Flur auf dem Fisch.

Schreibe die unterstrichenen Wörter richtig auf.

kocht, Fischstäbchen, hört, Hosen,
waschen, Wanne, schaltet, Tierfilm,
nuckelt, Dackel, Stock,
Haustür, Park, klingelt,
Päckchen, Patentante,
liegt, suchen, Tisch

Zähle die Kreise. Schreibe die Ergebnisse in die Kreise unten.

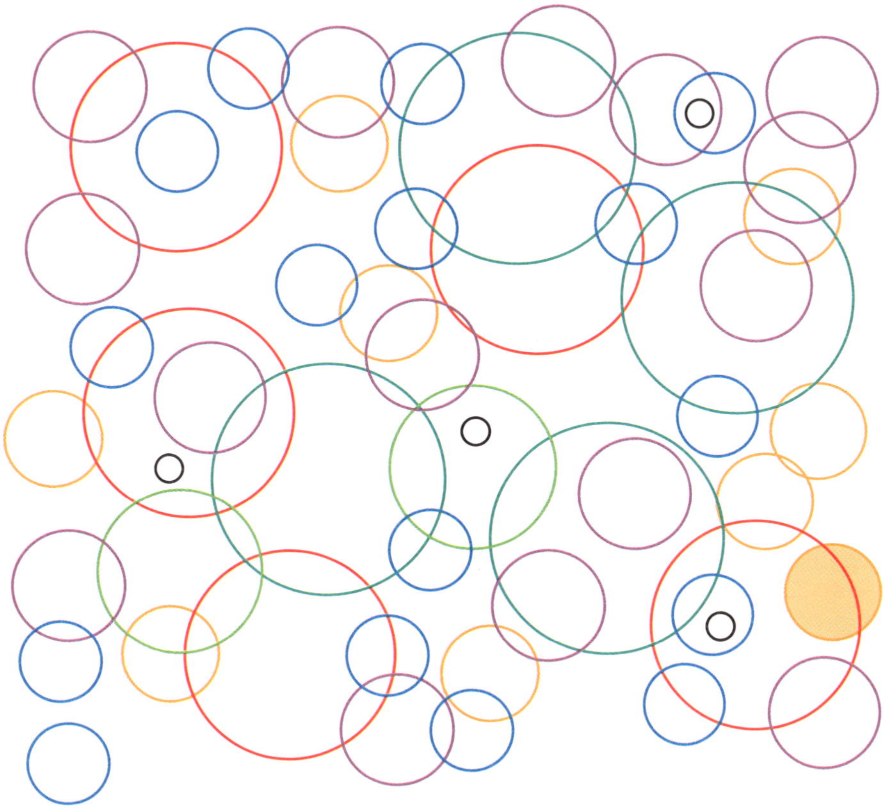

Kleine Pause

Zähle die Kreise. Schreibe die Ergebnisse in die Kreise unten.

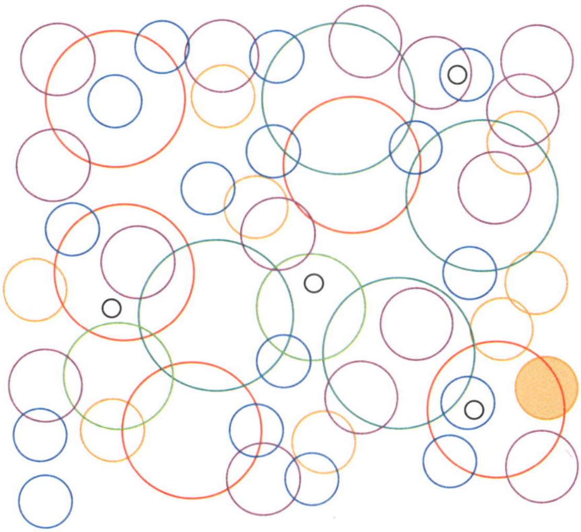

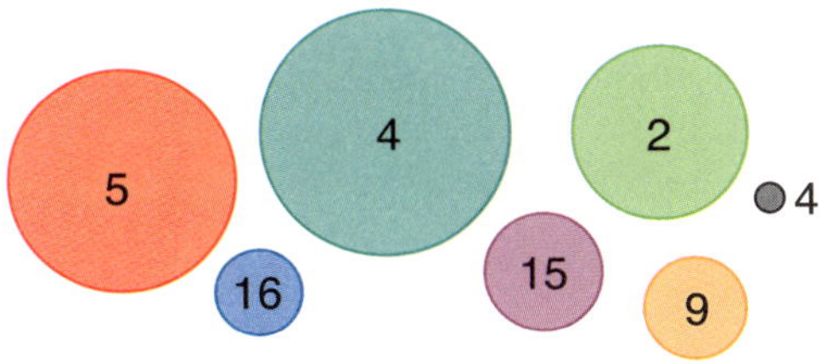

Schreibe unter die Körper die richtigen Namen.

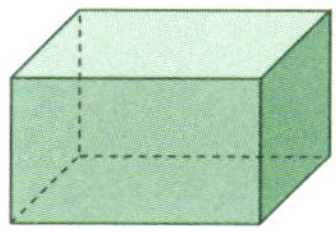 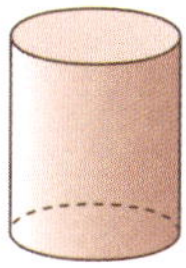 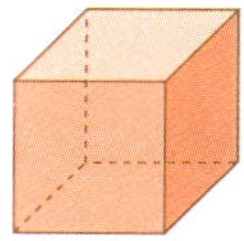

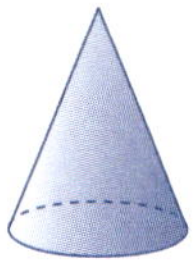 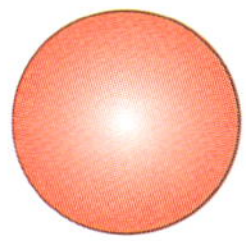 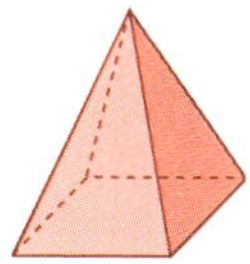

Fülle die Tabelle aus.

	Würfel	Quader	Kegel	Zylinder	Kugel	Pyramide
Klopapierrolle						
Buch		X				
Tennisball						
Globus						
Zuckerhut						
Getränkekarton						

Körper

Schreibe unter die Körper die richtigen Namen.

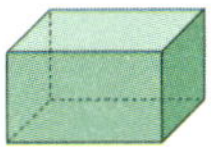
Quader

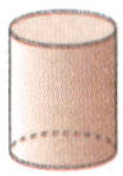
Zylinder

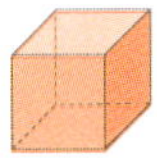
Würfel

Kegel

Kugel

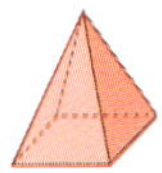
Pyramide

Fülle die Tabelle aus.

	Würfel	Quader	Kegel	Zylinder	Kugel	Pyramide
Klopapierrolle				X		
Buch		X				
Tennisball					X	
Globus					X	
Zuckerhut			X			
Getränkekarton		X				

Klappe die Würfel in Gedanken zusammen. Welche Flächen liegen sich gegenüber? Male sie gleich an.

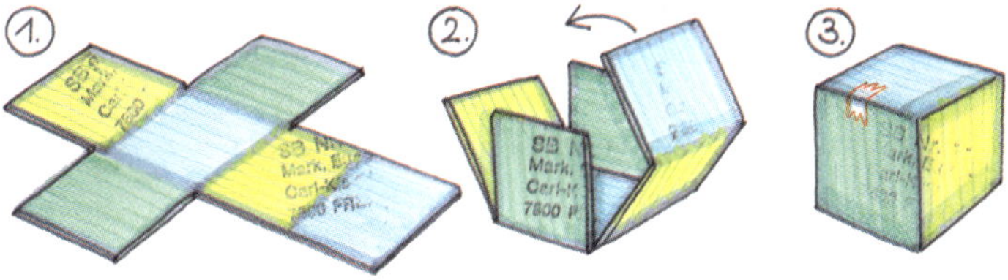

Würfelnetze

Klappe die Würfel in Gedanken zusammen. Welche Flächen liegen sich gegenüber? Male sie gleich an.

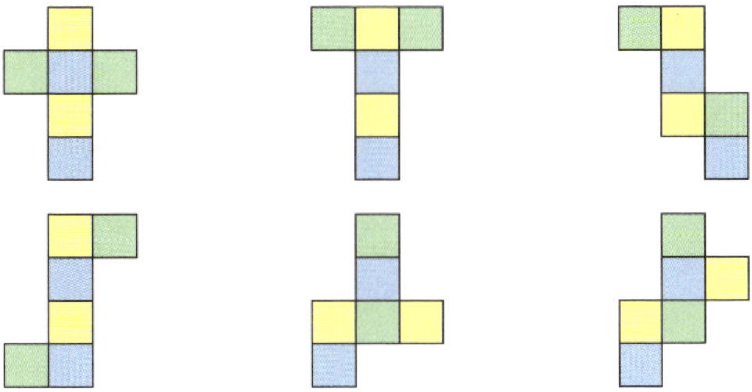

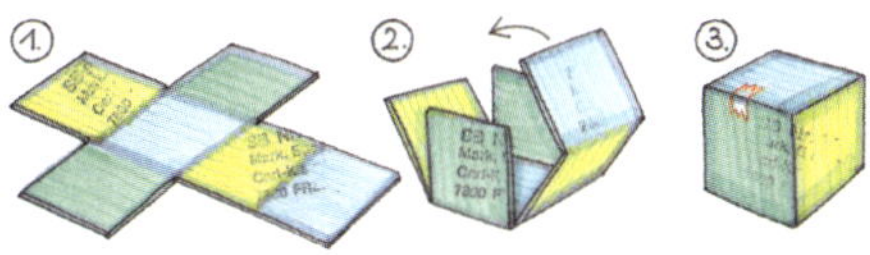

Finde acht Unterschiede.

Kleine Pause

Finde acht Unterschiede.